SÜDENDE: EIN SCHATZ ALTER ANSICHTSPOSTKARTEN

Wolfgang Holtz

SÜDENDE

EIN SCHATZ ALTER ANSICHTSPOSTKARTEN

Umschlag vorn: Motive anno 1899
Karte des Titelblatts: Poststempel = 15. 04 1901
Umschlag hinten: Jugendstilkarte von 1902

Schlußredaktion: Hans Peter Heinicke

ISBN 3 - 926578 - 37 - 8

© by accurat verlag 1999
Hans Peter Heinicke 12209 Berlin

Umschlag: Reinhard Fuchs
Satz: Peter Marcuse

Alle Verbreitungsrechte vorbehalten; einschließlich Film, Funk und Fernsehen, der Wiedergabe auf mechanische Art für sämtliche Tonträger, des auszugsweisen Nachdrucks sowie der Einspeicherung und Rückgewinnung in Datenverarbeitungsanlagen.

Prolog

Wolfgang Holtz hat dieses Buch, SÜDENDE: EIN SCHATZ ALTER ANSICHTSPOSTKARTEN, aus fünf opulenten Sammlungen erstellt. Seiner eigenen, der des Heimatvereins für den Bezirk Steglitz gegr. 1923 e.V. und denen der drei Südende-Sammler Gerd Becker, Hans Gottschewski und Hans-Werner Klünner.

Der Autor, noblesse oblige, Vorsitzender des Heimatvereins, legt hiermit erstmals ein Ansichtskartenbuch vor, das dem Leser und Betrachter dank seiner Motivreihenfolge die Möglichkeit eines geschlossenen Rundgangs durch den Ort bietet.

Das patentierte Buchaccessoire, der OPTISCHE DABEISEIN-EFFEKT, das eines Postbriefkastens aus der Zeit der Südendeansichtskarten, d.h., vor hundert Jahren, stimmt den Leser stilvoll ein. Der Briefkasten ist, Lob der Post, noch heute in Betrieb (Zehlendorf, S-Bahnhof Mexikoplatz).

Ebenfalls ein Novum ist der Abdruck eines Planes von Südende auf Seite 6 aus dem Jahre 1906, der Klarheit über die unterschiedlichen Grenzangaben gibt. Verraten sei, daß Wolfgang Holtz gemeinsam mit Armin A. Woy eine Chronik Südende schreiben möchte, die dann im Stapp Verlag erscheinen soll.

Wolfgang Holtz

Berlin-Steglitz, im Oktober 1999   H. P. H.

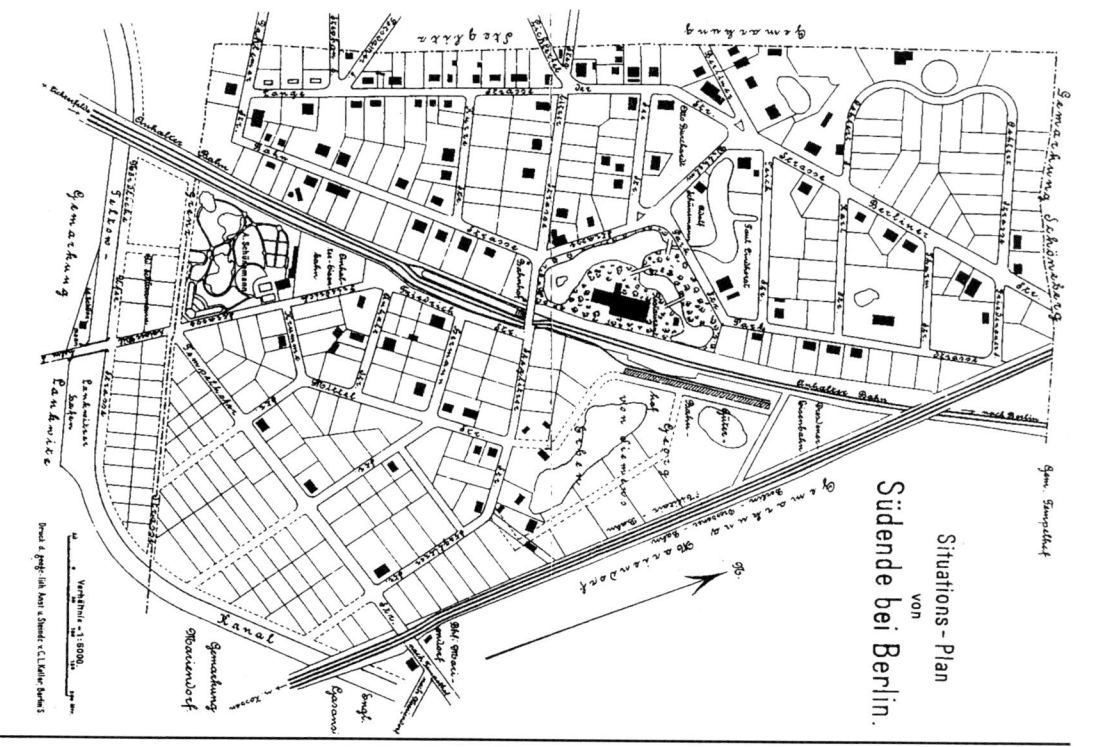

Erstellt 1906; sorry, Plan ist nur mit der Lupe zu lesen

Bahnhofsneubau

Büste Kaiser Wilhelm II.

Krumme Straße 6, heute Ludwigsburger Weg

Blick in die heutige Buhrowstraße, wo sich ein hochherrschaftliches Automobil und eine Kraftdroschke begegnen.

Interessante Hochstapelei der Nachbargemeinde Steglitz;
es handelt sich um die heutige Benzmannstraße

Südende, klein und fein

Auf dem Grund und Boden (etwa 90 Hektar) zweier Mariendorfer Bauern, den die beiden bauernschlau zur "Gründerzeit" an den Fürsten von Schönburg in Tempelhof verkauft hatten und der diesen Landerwerb dann wiederum gewinnträchtig der englischen "Terrain-Actien-Gesellschaft" überließ, wurde die Landhauskolonie Südende 1872 angelegt.

Aufgeteilt in rund 400 Parzellen, nicht wenige von beträchtlicher Größe - siehe "Situationsplan" auf Seite 6 -, war Südende keine selbständige Gemeinde. Bis 1920, als acht Städte, 59 Landgemeinden und 27 Gutsbezirke zur Stadtgemeinde Groß-Berlin vereinigt wurden, gehörte es zu Mariendorf. Fortan kam Südende zum Bezirk Steglitz. 1960 dann, keiner weiß warum, erlosch der Ortsteilname, lediglich der Bahnhof heißt noch heute so.

Ein besseres Gelände zur Erstellung einer Landhauskolonie als das von Südende hätte man nicht finden können. Gelegen an den Bahnstrecken der Dresdener und Anhalter Bahnen, von Berlin in knapp zehn Minuten erreichbar, landschaftlich sehr reizvoll, begrenzt durch die Rauen Berge und besetzt durch natürliche Pfuhle und Teiche.

Die ersten Bauherren wurden schnell gefunden, die beauftragten Handwerker kamen - die Konjunktur galoppierte - mit Kremsern zur Arbeit, sich eine Musikkapelle zur Unterhaltung mitbringend. Hierzu passend wurde der Adam der Südender der Bankier Friedrich Wilhelm Hintze (Villa in der Seestraße , heute Sohnreystraße).

Hintze folgten mehrere Kollegen, beispielshalber die Bankiers Burchard und Schünemann. An wirklicher Prominenz hat es in Südende nicht gemangelt. Das waren, in alphabetischer Reihenfolge aufgezählt: Manfred von Ardenne, Besitzer der Bekleidungshäuser Brenninkmeyer, Georg Grosz, Günter Freiherr von Hünefeld, Jochen Klepper, Mitbesitzer der Firma Leineweber , Rosa Luxemburg, Henny Porten, Adolf Reichwein und Walter Trier,

Bis 1900 wohnten in Südende 1.276 Menschen, die zum größten Teil aus Berlin zugezogen waren. 1919, dem Todesjahr Rosa Luxemburgs, waren es bereits 3.690, und 1933, der letzten Volkszählung des Ortsteils von Steglitz, wurden 5.079 Bewohner registriert. Zu einem eigenen Wappen und zum eigenen Friedhof brachte man es in Südende nie. Bis zum Weltkrieg I wurden die Verstorbenen auf dem Mariendorfer Friedhof in der Friedenstraße bestattet.

Auch mit den Kirchen tat man sich schwer. Erst 1906 wurde von der evangelischen Kirche ein Baugrundstück gekauft. Bis April 1912 wurden die Südender durch Mariendorfer Pfarrer versorgt. Ab 1909 fand alle vier Wochen der Gottesdienst im Hause Hintze statt, dann im Restaurant Müller bis April 1913, der Einweihung des Kirchenumbaus.

Nicht minder zögerlich verlief es bei der katholischen Kirche von Südende. Erst zur Jahrhundertwende wurde in einer zum St. Annastift gehörenden Villa eine Kapelle eingerichtet. Ab 1928 fanden dann die Gottesdienste im "Grünen Saal" des "Paresü" (Parkrestaurant Südende) statt. 1929 schloß man den Umbau des im Jahr zuvor erworbenen Mundschen Restaurants zur Kirche ab und nahm sie ab 1. April in den Dienst.

Seinen schwärzesten Tag erlebte Südende am 23. August 1943; man kann sagen, daß es da fast ausgelöscht wurde. Englische Kampfflugzeuge bombardierten den Steglitzer Ortsteil ohne Fabrikanlagen, Kasernen und anderen kriegswichtigen Einrichtungen so brutal, daß dabei 80% aller Häuser zerstört wurden.

Zu den Apartheiten von Südende sind die von Prof. Dr. Christian Hottinger gegründete und geleitete Bibliothekarinnen-Schule zu zählen (Steglitzer Straße 6 a) und das hier von den Dominikanerinnen gegründete St. Annastift, einer "Pflegeanstalt für altersschwache und arbeitsunfähige Dienstboten". Erwähnt werden muß, daß, von den Südender Gärtnern liebevoll gepflegt, hier Riesenweintrauben wuchsen, die sogar ins Rheinland geschickt wurden.

Mit Originalen jedoch kann Südende nicht wuchern. Rühmliche Ausnahme ist die "Blumenkönigin" Frieda Grylewicz, die über siebzig Jahre lang den Steglitzern Blumen verkauft hat. Diese Gärtnerstochter, die nie Urlaub machte, nicht einmal Zeit zum Heiraten fand, schenkte sich täglich selbst Blumen, besonders gern Veilchen. Sie war jahrzehntelang die lebende Chronik Südendes.

Ältestes Panorama von Südende

Bahnhofsumbau und Anhebung der Steglitzer Straße

Ausblick nach Steglitz mit Wasserturmrohbau (1916)

Straßenbahnhaltestelle der Teltower Kreisbahn an der neuen Stehbierhalle

Spätere Haltestelle der weltersten elektrischen Eisenbahn

Sonntagstreiben zwischen Bahnhof und „Paresü"

Wasserseite „Paresü"

Grußkarte Anno 1908

Bootsverleih am „Paresü"

SÜDENDE. Partie aus dem Parkrestaurant.

Bootsleihgebür: 50 Pfennig pro Stunde

Berlin-Südende

„Paresü" nach der Sommersaison

Ende der 20er Jahre

Kegelsporthalle

Deutschlands Kegelhalle der Superlative

Großer Theater- und Festsaal

Hambuttenpfuhl
(oben rechts: Villa Brenninkmeyer)

„Paresü" nach dem Umbau 1930

„Elektrische" vor dem Ziel Südende

Berlin-Südende　　　　　　　　　　Steglitzer Straße

Obstkarren in der Bahnstraße

Konditorei u. Café Steuer   *Berlin-Südende*

Modernisiertes Café Steuer

37

Domizil Walter Trier, rechts, Haus No. 5

Führendes Feinkostgeschäft in Südende

Berlin = Südende   Steglitzer Straße

Wohl erstes Reformhaus am Platze

Südende, Steglitzer Ecke Lichterfelder Str.

Zur Blütezeit der Litfaßsäulenwerbung (1937)

Südende im vorletzten Friedensjahr

Berlin-Südende   Langestraße

Links einmündend Stephanstraße und Potsdamer Straße

Berlin-Südende
Lichterfelder u. Langestr.

GLOBUS PALAST

Das führende Südender Kino

Vier attraktive Südender Ziele

Gruss aus Südende
vom Restaurant Wilhelm Plenske

Frühes Vorkommen der Jägerzaunes

Südende Steglitzer-Ecke Lichterfelderstrasse

Grenze: Südende - Steglitz

Sonntag vormittags vor dem Restaurant

Gruß aus Südende   Restaurant zur Esche, Besitzer: Paul Dahl

Sommerbetrieb „Zum grünen Hain"

F. SCHULTHES Restaurant und Festsäle
SÜDENDE
Lichterfelder Strasse 17

1912

Vor dem Umbau zur katholischen Kirche

Einst Bühne, ab 1929 Altarraum

Kriegstrauung im Weltkrieg II

Südender Sehenswürdigkeiten

Südende · Am Bismarck-Platz

Heute: Musikschule

Gurlittstraße (ehem. Teichstraße):
das Rathaus war in Wirklichkeit die Gemeindeversammlung

Landbrotbäckerei Wilhelm Selnow, Berliner Straße 3

Berlin-Südende   Berliner Straße

Heute noch erhalten

Fritz Müller's Restaurant u. Ballsaal
3 Kegelbahnen
Berlin-Südende, Berliner Str. 9

Drittes der drei Großrestaurants in der heutigen Sembritzkistraße

An die Grundstücksrückseiten schließen sich heute

das Gebäude des Insulaners nebst Bad an

Südende   *Oehlertstraße*

Berlin-Südende
Parkstrasse

Heutiger Karl - Fischer - Weg 63

Heute Grabert - Ecke Sohnreystraße

Als geheilt entlassen? (Seestraße 2)

August Pommerening, Restaurant Südende, Friedrichstraße 10

Gruss aus Südende. St. Annenstift.

Kunstverlag Kregenow, Südende.

Katholisches Kleinkinderkrankenhaus in der Anhaltstraße

Hünefeldzeile Ecke Ludwigsburger Weg

Links Gärtnerhaus auf dem 40.000 qm großen Grundstück des Bankiers Schünemann

Berlin-Südende — Partie an der Mittelstrasse

Südende Mittel- Ecke Steglitzerstrasse

Als Vorspeise nocht Vorkost hieß...

Einmalig: Zweispurschienen für Berliner Straßenbahn und Teltower Kreisbahn

Vor der Straßenverbreiterung; rechte Baumreihe bildet den heutigen Mittelstreifen

Südende, Steglitzer Str.

Bebauung des von Siemensschen Großgrundstücks 1930

BERLIN - SÜDENDE   Teltow-Kanal

Tatsächlich Steglitzer und Lankwitzer Gebiete,
ausgenommen lediglich die große Villa oben rechts

BERLIN-MARIENDORF   Am Bahnhof

Bahnhofsausgang nach Südende

Straßennamen

einst*	jetzt	Seite
Bahnstraße	Buhrowstraße	8
Steglitzerstraße	Steglitzer Damm	8
Potsdamerstraße	Benzmannstraße	12
Lichterfelder Straße teilweise	Borstell- und Sembritzkistraße	39
Langestraße	Liebenowzeile	43
Bismarck-Platz	nicht mehr existent	57
Berliner Straße teilweise	Hanstedter Weg und Sembritzkistraße	60
Oehlertstraße	Oehlertring	62
Parkstraße	Karl-Fischer-Weg	64
Wilhelmstraße	Grabertstraße	65
Seestraße	Sohnreystraße	65
Friedrichstraße	Crailsheimer Straße	67
Krummestraße	Ludwigsburger Weg	69

* Schreibweise auf den Karten

Kartennachweis

Sammlung Gerd Becker: 22, 23, 24, 33, 39, 44, 45, 47, 48, 49, 56, 60, 69, 70, 71

Sammlung Hans Gottschewski: 7, 8, 9, 10, 19

Sammlung Heimatverein für den Bezirk Steglitz gegr.1923 e.V.: 11, 12, 16, 18, 26, 27, 28, 30, 35, 37, 53, 54, 55

Sammlung Wolfgang Holtz: 17, 20, 21, 25, 29, 31, 32, 34, 36, 38, 40, 41, 42, 43, 46, 50, 51, 52, 57, 58, 59, 61, 62, 63, 64, 65, 66, 67, 72, 73, 74, 76

Sammlung Hans-Werner Klünner: 68, 75

Titelblatt: Wolfgang Holtz
Umschlag vorn: Wolfgang Holtz
Umschlag hinten: Gerd Becker

Franz Eschstruth
Park-Restaurant Südende

Jeder einmal in Berlin! heißt der Werberuf für die deutsche Reichshauptstadt. Wir fügen hinzu: Und jeder einmal im Park-Restaurant Südende, kurz und einprägsam das "Paresü" genannt.

Zehn Minuten Schnellbahnfahrt von dem Herzen Berlins entfernt liegt diese bezaubernde Erholungs- und Ausruhestätte. Jahrhundertealte Eichen und Buchen recken ihre mächtigen Kronen gen Himmel, Blautannen ragen still und feierlich neben leuchtenden Birken, über einen malerisch sich windenden verträumten Naturteich neigen sich Weiden. In mehreren Terrassen stuft sich der weite Garten, wo an leuchtenden weißen und roten Tischen unter blühenden Bäumen an jedem schönen Nachmittag Damenkränzchen zu Kaffee und Kuchen sich zusammenfinden. Eine große Tanzfläche aus Kunststein lockt zu modernen wie rhytmisch-melodischen Tänzen.

Wo einst ein jahrzehntesaltes hölzernes Trinkhäuschen, eine echte, rechte Berliner Stehbierhalle stand, erhebt sich heute der moderne, licht- und luftreiche Steinbau der Parkquelle. Sauberkeit, Appetitlichkeit überall. Zur Seite ein geräumiges Gastzimmer, nach dem Park zu ein prächtiger Saal von ruhig-vornehmer und dabei lebendiger Farbentwicklung. Darunter die Küche - eine Musterküche. Bei Eschstruth essen ist ein Hochgenuß.

Hunderte von Vereinen hielten hier ihre Festlichkeiten ab. Aus der großen Zahl nennen wir unter anderen: Verein der Auslandsdeutschen, Deutscher Handlungsgehilfen-Verband, Berliner Faktoren-Verein, Deutsch-Oesterreichischer Alpenverein, Kali-Syndikat, sowie die Kegelverbände V.B.K., F.K.B.,

B.S.B. Zahlreiche Hochzeitsfeiern fanden hier statt, denn der prächtige Hochzeitssaal mit seinen anheimelnden Vorräumen dürfte allen Ansprüchen genügen.

Wieviele Geburtstagsfeiern, wieviele andere freudige Ereignisse wurden hier festlich begangen! Denn für jede der Feiern steht Raum oder Saal in entsprechendem Ausmaß zur Verfügung.

Gleichzeitig mit der Kegelhalle wurde die Aufschüttung des Teiches an der Hauptstraße in Angriff genommen und die oben beschriebene Parkquelle geschaffen. Hand in Hand ging damit die Verbreiterung der Straße, die 1930 in ihrer jetzigen Gestalt dem Verkehr übergeben wurde.

Das ist mit wenigen Strichen der äußere Entwicklungsgang dieser einzigartigen Gaststätte. Doch auch an den geistigen Dingen des großstädtischen Lebens hat sie regen Anteil: Ausstellungen, Theateraufführungen, Versammlungen, Vereinsfestlichkeiten, Konzerte, Diskussionsabende, - was haben diese Hallen nicht schon alles gesehen.

Das Hauptgebäude mit seinen weiten Hallen und mächtigen Sälen, fern vom Lärm der Straße, tief im Park gelegen, war einst eine herrschaftliche Wohnvilla, 1878 erbaut. Bald ein halbes Jahrhundert ist es nun Restaurant. Doch erst, als um die Jahrhundertwende die Breslauer Brauerei Haase den Betrieb übernahm, begann der Aufstieg. 1902 wurde der "Große Saal" gebaut, während im "Kleinen Saal" noch allsonntäglich die Kirche von Südende abgehalten wurde. So entstand allmählich an der Südgrenze des damaligen Berlin eine ähnliche Erholungsstätte, wie sie "Schramm's Garten" im Westen und das Grünauer "Gesellschaftshaus" im Osten darstellen. Der Ausflugsort wurde zum Familienrestaurant, das Familienrestaurant zu einem Treffpunkt, wo man sich nie langweilte.

Jedoch - der eigentliche Aufschwung begann erst, als Franz Eschstruth Ende 1912 die Direktion übernahm. Der nunmehr 30 Jahre selbständige Gastwirt, der 15 Jahre in der deutschen Gastwirtsbewegung steht, hatte mit kurzer Unterbrechung in den ersten zehn Jahren vier Lokale erfolgreich bewirtschaftet und nun seit 20 Jahren das Etablissement geleitet und zu seiner jetzigen Höhe emporgeführt. Er erkannte die Entwicklungsmöglichkeiten und setzte sie allen Hemmnissen zum Trotz glanzvoll durch. Der Krieg unterbrach Pläne und Ausführungen. Vier Jahre und zehn Monate lang war das "Paresü" Kriegslazarett. In etwa 300 Betten lagen verwundete und kranke Frontsoldaten.

Erst Mitte 1919 konnte das Etablissement wieder seiner eigentlichen Bestimmung übergeben werden. Im Jahre 1921 erwarb Franz Eschstruth es käuflich und ging gleich danach an den Bau des "Grünen Saals". Auch draußen im Park setzten allerlei Veränderungen ein. Die sumpfigen Stellen des Teiches wurden zugeschüttet; gepflegte Grünflächen entstanden, wo Morast gewesen war. 1926 waren vier neue Kegelbahnen geschaffen, auch war die große Kaffehalle mit der prächtigen Terrasse fertiggestellt.

Aber die Großstadt und die moderne, nie rastende Zeit haben immer neue Anforderungen gestellt. 1928 war die große Kegelhalle, die mit Recht als die schönste von ganz Deutschland bezeichnet wird, in dem erstaunlich knappen Zeitraum von nur 90 Tagen so hergestellt, wie sie heute noch besteht. Zwölf vorschriftsmäßige Verbands-Bohlenbahnen, zwei internationale Bahnen und je eine Scheren- und Asphaltbahn sind 65 Kegelklubs mit rund 700 Mitgliedern allwöchentlich Erholungs-, Trainings- und Kampfstätte.

(Text einer Werbeschrift des "Paresü" anläßlich seines 20. Geschäftsjubiläums 1930.)

Inhaltsverzeichnis

Prolog 5

Situationsplan von Südende bei Berlin 6

Motive zur Einstimmung.. 7 - 12

Südende, klein und fein.. 13 - 15

Der Kartenschatz.. 16 - 76

Straßennamen einst und jetzt 77

Kartennachweis.. 78

Paresü.. 79 - 81

Inhaltsverzeichnis 82

Empfehlungen .... 83 - 88

In diesem Haus befindet sich das
Museums des Heimatvereins für den
Bezirk Steglitz gegr. 1923 e.V.

Öffnungszeiten:
Montag   16 - 19 Uhr
Mittwoch   15 - 18 Uhr
Sonntag   14 - 17 Uhr

Drakestraße 64 A
12205 Berlin

Telefon 8332109
Telefax 8332109

Mickey Mouse war eine Ratte

Der Stadtführer des Berliner Humors

DER STADTFÜHRER DES BERLINER HUMORS

NEU DM 19,80

Diese TOPOGRAFIE DES BERLINER WITZES, dieses ASPHALT-DSCHUNGELBUCH DES LACHENS, dieser DER FRÖHLICHE KREUZBERG präsentiert alphabethisch-geografisch und völlig subjektiv:

- 148 berühmte wie berüchtigte Berlinerinnen und Berliner in
- 23 Bezirken und
- 81 Ortsteilen mit
- 100 Straßen, Plätzen und Alleen zuzüglich
- 328 Daten aus exakt
- 215 Jahren plus
- 104 Fotos und last, not least
- 1 OPTISCHER DABEISEIN-EFFEKT (Patent Nr. 9305165.4)

1000 Fakts = 100 % Weltstadt Berlin

DM 19,80

In dieser Ortsteil-Chronik mit viel drin, dran und drum, werden die ersten 25 Jahre des Bestehens der VILLENKOLONIE GROSS-LICHTERFELDE von Paul Lüders geschildert. Neu gesetzt in heute für jedermann lesbarer Schrift erscheint sie anläßlich des 1999 stattfindenden 700jährigen Bestehens von Giesensdorf alias Lichterfelde-Ost.

Beigegeben konnte ihr der STRASSENPLAN VON GROSS-LICHTERFELDE, erstmals erstellt 1892 von E. Koch (dortselbst, Victoriastraße 9) sowie die 1992 erarbeitete Rubrik STRASSEN- & PLÄTZE-UMBENENNUNGEN werden.

Außerdem kam das Bildkapitel HUNDERTJÄHRIGES UND NOCH ÄLTERES 1998 GEFUNDEN UND FOTOGRAFIERT VON PETRUS HEINRICH (28 Fotos) hinzu.

Und last, not least der patentierte OPTISCHE DABEISEIN-EFFEKT zur Affäre Linaris cymbalaris, dem Lichterfelder Millionending, der infamen Florafälscherei des hiesigen Erfolgschriftstellers Heinrich Seidel.

ISBN 3-926578-36-X

Paris, London und New York neiden Berlin dieses Buch!

BERLINS BESTE SEITE

Das Metropole-Mosaik
(komplett von A bis Z)

Der Welt erstes Buch, das ohne Fremdsprachenkenntnisse 1,7 Milliarden Menschen aus 104 Ländern auf Anhieb lesen können.
Es offeriert Berlins Schokoladenseite auf HOCH-DEUTSCH, den Mundarten BAYERISCH, BERLINISCH, FRIESISCH, HESSISCH, MECKLENBURGISCH, RHEINISCH und SÄCHSISCH, des weiteren in der JUGENDSPRACHE sowie auf ÖSTERREICHISCH und SCHWYZERDÜTSCH, den Weltsprachen ENGLISCH, FRANZÖSISCH, GRIECHISCH, ITALIENISCH, NIEDERLÄNDISCH, PORTUGIESISCH, RUSSISCH, SCHWEDISCH, SPANISCH, TÜRKISCH und last, not least auf ESPERANTO.
Ausgestattet mit dem OPTISCHEN DABEISEIN-EFFEKT, fest gebunden, veredelt durch den Chow-Chow-Zungenfarbenen Buchschnitt und Büttenvorsatzblätter, gedruckt auf säurefreiem (alterungsbeständigem) Papier, durchgehend vierfarbig illustriert.

DM 20,–   ISBN 926578-31-9

Christian Morgenstern & Pee Rattey

DIE GÄNSESCHMALZBLUME ODER DIE WIRKLICHEN GALGENLIEDER

– Das wichtigste schöne Buch des Verlages –

32 Gedichte, 24 Original-Lithographien s./w., 8 Original-Lithographien farbig, alterungsbeständiges Papier, Zugabe = Buchenholzgalgen, Schuber mit einer Serigraphie (Gänseschmalzblume), einmalige Auflage von 88 numerierten und Blatt für Blatt signierten und datierten Exemplaren.

Format 150 x 230 mm,　　　　　　　　　　Infolge Umetikettierung
ISBN 3-926578-29-7　　　　　　　　　　statt 1.280,– nur DM 880,–

ORIGINAL-GRAFIK
LITERARISCH-GRAPHISCHE WERTPAPIERE

Einmalige Auflage von 222 Exemplaren, jedes Blatt zusammen mit einem von der Berliner Druckerkoryphäe ZERBERUS handgesetzten und auf noblem Papier von Hand abgezogenem Gedicht, im Album, Format 24 mal 24 cm, Einzelalbum DM 48,-, Serie mit sieben Alben nur DM 298.-

Theodor Fontanes HERR VON RIBBECK mit einem handaquarellierten Blatt von Eberhard Brucks; Adalbert von Chamissos DIE ALTE WASCHFRAU mit einer Radierung von Hajo Mattern; Friedrich Hebbels DER WEIN mit einer Serigraphie von Helmut Kuhlmann; Ludwig Uhlands DER WEISSE HIRSCH mit einem Linolschnitt von Uli Panitz; Theodor Storms KÄUZLEIN mit einer Radierung von dyddy; Gottfried Kellers JEDER SCHEIN TRÜGT mit einem Holzschnitt von Ulrich Kimmel; Heinrich Heines STOSSEUFZER mit einem farbigen Linolschnitt von Kai Hösselbarth.